¿Puedo presentarte a un amigo?

ISBN: 978-1-955759-27-4

Ilustradores: Jackson Muthoni, Julian P. Arias, Chidubem Mbamalu, Jackfi, Jumi Sabbagh, "Love" Pintura - Larry Cole

El texto Bíblico ha sido tomado de la versión Reina-Valera © 1960 Sociedades Bíblicas en América

Order additional copies:
email: is58mti@gmail.com
www.seldomseenpress.com

"Si no plantas algo que quieres en tu tierra de cultivo, algo que no quieres crecerá en ella.

Y, además, incluso si plantas algo que quieres y no lo cuidas con esmero, algo que no quieres seguirá creciendo y sofocará todo lo que plantaste".

— Faith Chidinma Metchie

* * *

Estamos muy agradecidos al Sr. Larry Cole por permitirnos usar la Love Painting. Realmente cuenta la historia.

Índice

¿Quién es Dios?

Creemos que Dios es creado como nosotros... No es así...

Nosotros somos **creados como Él.**

Dios existía... incluso antes de que fuéramos creados. Él no tiene ni principio ni fin. Dios lo hizo todo, el cielo y la tierra y a todos los seres vivos. Dios también hizo al hombre.

- Dios es el Creador

Al principio, Dios creó los cielos y la tierra en sólo siete días:

Día 1: Dios creó la Luz y separó la Luz de la Oscuridad.
Día 2: Dios creó los cielos. Día 3: Dios creó

la Tierra, el mar y la vegetación. Día 4: Dios creó el Sol, la Luna y las Estrellas. Día 5: Dios creó las Aves y los Animales Marinos. Día 6: Dios creó los Animales Terrestres y los Humanos.

Día 7: Dios descansó.

Cuando Dios creó al hombre, lo hizo a partir del polvo de la tierra. Después de que Dios formó al hombre, sopló en él y el hombre se convirtió en una criatura viviente capaz de respirar.

Esto nos hace especiales para Dios.

Después de que Dios creó el mundo, Él hizo un jardín y puso al hombre en él.

- ¿Qué era el Jardín del Edén?

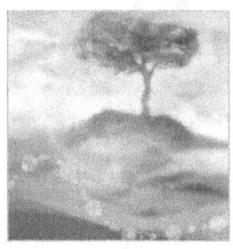

Imagina este lugar, ¡el más hermoso jardín o parque donde no hay dolor, sufrimiento o tormento! Todo lo que necesitas comer crece naturalmente allí para ti. Los animales se llevan bien pacíficamente. Nadie pelea o se enfada; no hay malas actitudes ni palabras desagradables. Dios y su pueblo caminaban y hablaban en el jardín cuando las tardes se volvían frescas.

Todo era perfecto.

Esto es lo que Dios hizo en el principio, para la gente que Él amaba.

> Y Jehová Dios plantó un huerto en Edén, al oriente; y puso allí al hombre que había formado. 9 Y Jehová Dios hizo nacer de la tierra todo árbol delicioso a la vista, y bueno para comer; también el árbol de vida en medio del huerto, y el árbol de la ciencia del bien y del mal.
>
> — Génesis 2:8-9

- ¿Dónde vive Dios?

Dios es un Espíritu, no tiene un cuerpo como el nuestro.

Dios tiene Su propio reino. No podemos controlarlo. **Él es Dios.**

Dios tiene Su propia cultura y Su propia forma de expresarse.

Vive en el cielo, y nosotros podemos invitarle a vivir en nuestros corazones... If we let Him.

Es importante que sepamos quién es Dios y que Él quiere caminar y hablar con nosotros. Dios quiere que su pueblo lo conozca.

- ¿De Qué color es Dios?

Dios es la Luz, la Luz es todos los colores.

Dios no es blanco, marrón, amarillo o negro.

Dios es todos los colores. TODOS estamos hechos como Él.

¿Por Qué Dios Creo a la Gente?

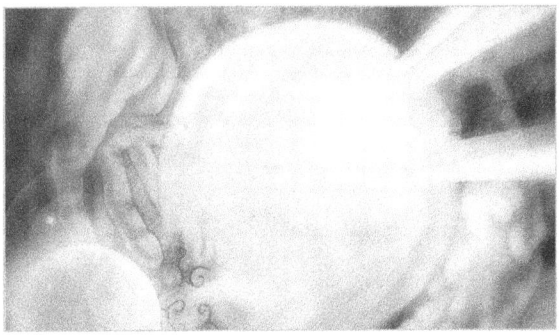

Dios lo tiene todo, puede hacer cualquier cosa y es tan completo en sí mismo que no necesita nada, así que, ¿para qué creo a la gente?

Ya que Dios sabe todo, Él sabía que Su hermosa gente, Adán y Eva, iban a pecar. Él sabía que Su perfecta creación seria dañada por la muerte y destrucción, que vendría a consecuencia de vivir lejos de Dios, entonces, ¿por qué creo a la gente?

Dios creo a la gente porque Él quería tener un pueblo que escogiera libremente conocerle, hablar con Él y vivir siempre junto con Él. El gran y Amoroso Corazón Paternal de Dios quiso compartir con un pueblo que fuese suyo. Él sabía que tendría un pueblo que lo amaría y que viviría con Él para siempre. Él sabía que, si varias personas conocieran cuan maravillosamente hermoso Él es, ellas mismas le hablarían a otras acerca de Él.

> y andaré entre vosotros, y yo seré vuestro Dios, y vosotros seréis mi pueblo.
>
> — Levíticio 26:12

> Este pueblo he creado para mí; mis alabanzas publicará.
>
> — Isaías 43:21

- ¿Cómo Dios creó a la gente?

El hombre fue formado por Dios a partir del polvo. Fue creado a la imagen de Dios para tener dominio sobre toda cosa viva, para tener hijos, y someter la tierra.

Entonces dijo Dios: Hagamos al hombre a nuestra imagen, conforme a nuestra semejanza; y señoree en los peces del mar, en las aves de los cielos, en las bestias, en toda la tierra, y en todo animal que se arrastra sobre la tierra.

— Génesis 1:26

Entonces Jehová Dios formó al hombre del polvo de la tierra, y sopló en su nariz aliento de vida, y fue el hombre un ser viviente.

— Génesis 2:7

Y dijo Jehová Dios: No es bueno que el hombre esté solo; le haré ayuda idónea para él.

— Génesis 2:18

Entonces Jehová Dios hizo caer sueño profundo sobre Adán, y mientras éste dormía, tomó una de sus costillas, y cerró la carne en su lugar. 22 Y de la costilla que Jehová Dios tomó del hombre, hizo una mujer, y la trajo al hombre.

— Génesis 2:21, 22

¿Cómo somos creados a la imagen de Dios?

Cuando alguien te dice "eres igual a tu padre", quiere decir que hablas, caminas, piensas y actúas como tu padre o que tienes habilidades especiales como él. Cuando Dios nos creó, Él nos dio habilidades especiales y características como las que Él tiene.

Tenemos habilidades espirituales para conocer a Dios, para hablar con Él y estar conscientes de Su presencia.

Tenemos libre albedrío - podemos escoger.

Somos creativos - podemos crear.

Tenemos inteligencia - podemos pensar, aprender y entender.

Tenemos autoridad - podemos regir (controlar, organizar).

¿Quién es el Único Enemigo de Dios?

Dios tiene un enemigo que es maligno y odia a Dios y Su gente. Este enemigo hará todo lo que pueda en su malvado alcance para detener el plan de Dios. El nombre de este enemigo es Satanás o "el Diablo".

Él fue al Jardín del Edén como una serpiente, para mentir a Adán y Eva. Adán y Eva escucharon a Satanás y pecaron. Entonces ya no pudieron seguir caminando y hablando con Dios. El mundo se convirtió en un lugar desagradable para vivir debido al pecado.

Dios le dijo a Adán y Eva que, si desobedecían, algo pasaría...Ese algo se llama "Muerte".

Ahora, los humanos nacen con la tendencia a pecar... Está en su ADN**.**

Las personas perdieron la fuerza para crear o elegir lo que es correcto, y se convirtieron en esclavos del pecado. Están separadas de Dios.

Hay una dura verdad a la que todos tenemos que enfrentarnos alguna vez: existe Dios y existe el diablo. Si no estás sirviendo a Dios, ¿cómo estás sirviendo? ¡La Biblia llama al diablo el padre de la mentira, quien no posee verdad alguna!

> "Él ha sido homicida desde el principio, y no ha permanecido en la verdad, porque no hay verdad en él. Cuando habla mentira, de suyo habla; porque es mentiroso, y padre de mentira".

> — Juan 8:44

Dios quiere que cada uno de nosotros se convierta en uno de Sus hijos y tenga la misma dulce relación que Dios tuvo con Adán y Eva antes de que pecaran. ¡Una manera de llegar a ser Su hijo, es saber quién es Su enemigo y mantenerse alejado de él!

Dios quiere que seas Uno de Sus niños. Dios te ama y quiere que le conozcas y aprendas Sus caminos. Él te salvara de las mentiras del diablo y las ataduras del pecado. **Dios quiere restaurar** en ti Sus características especiales que Él le dio a Adán. **Dios quiere llevarte de vuelta** a "la imagen de Dios". Tú volverás a ser de Su Pueblo y **Él será tu Dios**. Aprenderás a conocerle, a caminar con Él y hablar con Él.

¿Qué es Pecado?

Adán y Eva caminaban y hablaban con Dios cara a cara en el jardín. Tenían una relación estrecha.

¿Entonces qué pasó? **¿Cuál fue el único NO?**

> "Y mandó Jehová Dios al hombre, diciendo: De todo árbol del huerto podrás comer; 17mas del árbol de la ciencia del bien y del mal no comerás; porque el día que de él comieres, ciertamente morirás."
>
> — Génesis 2:16,17

NO comas del Árbol del Conocimiento del bien y el mal.

Rebeldía, desobediencia, obstinación, mentiras, indiscreción, culpa, vergüenza, desconfianza, sospecha – muchos pecados fueron instigados por el NO que Dios le dio a Adán y Eva. No necesitamos muchas leyes o reglas para incitar nuestra naturaleza pecadora. No nos gusta que nos digan qué hacer, pero nos encanta hacer **"nuestra propia voluntad a nuestra manera"** y no a la manera de Dios.

> Porque la paga del pecado es muerte, mas la dádiva de Dios es vida eterna en Cristo Jesús Señor nuestro.
>
> — Romanos 6:23

El **pecado** es lo que expulsó a Adán y Eva del jardín del Edén.

Hazte las siguientes preguntas:

- ¿Es algo que Dios dice que está mal?
- ¿Te está enfermando o haciendo sentir mal?
- ¿Siempre tienes que decirte a ti mismo que está bien?
- ¿Te sentiste culpable/mal cuando empezaste a hacerlo?

- ¿Tienes que evitar hacerlo?
- ¿Es pecado?

El pecado nos separa de Dios.

Dios quiere que volvamos a Él, para que Él pueda caminar y hablar con nosotros como lo hizo en el Jardín del Edén con Adán y Eva.

Seamos sinceros: no siempre es cómodo admitir que nos hemos equivocado. Tratamos de encontrar formas de excusar lo que hacemos, en lugar de admitir que está mal. Tal vez hayas escuchado a alguien decir "Es sólo una mentirita. ¡No es para tanto!". ¡Tal vez incluso lo hayas dicho tú mismo! Pero... ¿has pensado alguna vez en cómo ve Dios el pecado? No le importa si es algo grande o pequeño. ¡Si es pecado, es pecado!

PECADO es también NO HACER lo que fuimos creados para hacer.

Dios nos da mandatos e instrucciones a seguir para nuestro propio bien. Es para convertirnos en la persona que Él nos creó para ser. También es para beneficiar a otros.

Cuando no obedecemos a Dios, es pecado.

¿Qué hacemos si pecamos?

Debemos mirar nuestro pecado de la manera en que Dios lo ve.

- ¡Huir del pecado!
- Decir que sí a Dios
- Decir que no al diablo
- Acercarse a Dios
- Mantener tu corazón limpio
- Decidirte: "¡no lo volveré a hacer!"
- Pedirle a Dios que te perdone por tus pecados
- Dejar que Dios entre en tu vida

El pecado no es sólo hacer las cosas equivocadas, sino también no hacer las cosas para las que Dios te creó. Entonces... ¿qué podemos hacer con el pecado?

Oración: Señor, ya no quiero hacer cosas que me alejan de Ti. ¡Gracias por mostrarme maneras de apartarme de las cosas que destruyen mi relación contigo! Elijo amarte y servirte. Amén.

Mira la lista bajo "¿Qué debemos hacer con el pecado?" ¿Cómo puedes empezar a utilizar esta lista para apartarte del pecado en tu propia vida?

¿Quién es Jesús?

Porque hay un solo Dios, y un solo mediador entre Dios y los hombres, Jesucristo hombre, 6el cual se dio a sí mismo en rescate por todos, de lo cual se dio testimonio a su debido tiempo.

— 1 Timoteo 2:5,6

Todos hemos pecado, así que ahora, ¿qué podemos hacer? El pecado nos separa del Dios que nos creó.

A veces nos sentimos separados y debemos emprender un viaje para encontrar a Dios.

¿Por qué estamos separados de Dios?

Dios, el Creador del universo, caminó con Adán y Eva en el jardín. Adán pecó.

El pecado de Adán lo separó a él y a todos sus descendientes de Dios.

Adán y Eva fueron maldecidos y se quedaron solos.

Jesús nos devolvió al Padre. Dios envió a Jesús, su único Hijo, para morir en la cruz por nosotros, fue porque SOMOS débiles al pecado.

Jesús es el Hijo de Dios.

Jesús es Emmanuel "Dios en la Tierra".

Dios envió a Jesús para que fuera **"El Sumo Sacrificio". Jesús se hizo** hombre para Salvar al hombre.

Jesús se convirtió en el Sacrificio por Nuestros Pecados. Jesús murió por nuestros pecados, para que no tuviéramos que morir sin Dios.

Jesús no sólo lava nuestro pecado, sino que nos quita todos los pecados pasados, presentes y futuros y trabaja en nuestros corazones para que no sigamos viviendo en pecado.

El último sacrificio de Jesús lo hace nuestro Salvador.

Después de que Jesús murió en la cruz, **no permaneció muerto**. Tres días después de ser enterrado, **Jesús resucitó de entre los muertos**. Jesús es el Mesías; Él es el hijo de Dios.

y matasteis al Autor de la vida, a quien Dios ha resucitado de los muertos, de lo cual nosotros somos testigos.

— Hechos 3:15

La Resurrección - La Tumba Vacía

El primer día de la semana, María Magdalena fue de mañana, siendo aún oscuro, al sepulcro; y vio quitada la piedra del sepulcro. 2 Entonces corrió, y fue a Simón Pedro y al otro discípulo, aquel al que amaba Jesús, y les dijo: Se han llevado del sepulcro al Señor, y no sabemos dónde le han puesto. 3 Y salieron Pedro y el otro discípulo, y fueron al sepulcro. 4Corrían los dos juntos; pero el otro discípulo corrió más aprisa que Pedro, y llegó primero al sepulcro. 5Y bajándose a mirar, vio los lienzos puestos allí, pero no entró. 6Luego llegó Simón Pedro tras él, y entró en el sepulcro, y vio los lienzos puestos allí, 7y el sudario, que había estado sobre la cabeza de Jesús, no puesto con los lienzos, sino enrollado en un lugar aparte. 8Entonces entró también el otro discípulo, que había venido primero al sepulcro; y vio, y creyó.

19 Cuando llegó la noche de aquel mismo día, el primero de la semana, estando las puertas cerradas en el lugar donde los discípulos estaban reunidos por miedo de los judíos, vino Jesús, y puesto en medio, les dijo: Paz a vosotros. 20Y cuando les hubo dicho esto, les mostró las manos y el costado. Y los discípulos se regocijaron viendo al Señor.

— Juan 20: 1-8, 19

Tenemos muchas cosas que pueden vivir en nuestros corazones: sueños, esperanzas, miedos, alegría, dolor. No nos molesta que algunas cosas vivan en nuestro corazón, tales como los buenos recuerdos, nuestras esperanzas y la alegría. Pero hay otras cosas que viven en nuestros corazones que desearíamos poder olvidar: la vergüenza, la ira, el miedo, la tristeza, etc.

Cuando Jesús vive en nuestros corazones, Él puede cambiar nuestra forma de pensar, de hablar y de actuar. Él nos ayuda a amar a los que nos rodean, Él sana las partes rotas y dolorosas de nuestros corazones y mentes.

Pero Él sólo puede vivir y permanecer en tu corazón **si se lo pides**.

¿Qué es el Arrepentimiento?

Ahora nos damos cuenta que tenemos un problema: el pecado nos ha separado de Dios.

¿Cómo llegamos a donde Dios nos quiere llevar? ¿Cuál es el problema?

Debido al pecado de Adán y Eva, ¡todos al nacer están separados de Dios!

¿Cuál es la Solución? -

¡El Arrepentimiento!

El lamento humano no es Arrepentimiento.

No podemos simplemente sentirnos culpables cuando hacemos algo malo. Debemos pedir un cambio para no seguir pecando. Debemos sentir una tristeza que provenga de Dios.

Sentirnos culpables no es arrepentimiento.

El arrepentimiento es mirar el pecado que hemos hecho... a la manera de Dios. Cuando lo hacemos, nos arrepentimos de lo que hemos hecho, y no lo volvemos a hacer.

La tristeza que proviene de dios – te lleva a hacer algo para remediar la situación.

¿Tienes algo sobre lo cual te gustaría arrepentirte?

¿Le has pedido a Jesús-el Sumo Sacrificio-que entre a tu corazón y te dé vida nueva? ¿Te has encontrado ignorando tus pecados y haciendo cosas a tu manera sin tomar en cuenta lo que el Dios de Abraham, Isaac y Jacob dice? Quizás deberías orar y pedirle perdón. Comienza esa nueva vida ahora.

¿Qué es la Salvación?

Salvación – el regalo que recibimos cuando aceptamos a Jesucristo, el "Sumo Sacrificio" quien nos regresa al Padre, de vuelta a lo que fuimos creados para ser, y nos enviará al Cielo cuando muramos.

Cuando Jesús murió en la cruz, Él se llevó el Pecado a la tumba. Él fue directamente al infierno y le quitó las llaves a Satanás que nos separan de Dios. Jesús gano la batalla por ti y por mí.

Así es como las Salvación comenzó y ahora depende de nosotros recibirla.

Jesús se convirtió en el Sacrificio Definitivo.

Dios, el Creador del Uerso, Caminó con Adán y Eva en el Jardín. Adán pecó.

El pecado de Adán separó a Adán y todos sus descendientes de Dios.

Jesús pagó el precio total de nuestros pecados muriendo en nuestro lugar. Ahora depende de nosotros aceptarlo.

Es un proceso. Después de aceptar Su Salvación, tenemos que permitirle a Dios que nos guie en esta nueva vida.

> Por tanto, amados míos, como siempre habéis obedecido, no como en mi presencia solamente, sino mucho más ahora en mi ausencia, ocupaos en vuestra salvación con temor y temblor, 13 porque Dios es el que en vosotros produce así el querer como el hacer, por su buena voluntad.
>
> — Filipenses 2: 12, 13

Jesús es el Sacrificio Definitivo...

No hay amor mas grande.

¿Qué debo hacer para ser Salvo?

que si confesares con tu boca que Jesús es el Señor, y creyeres en tu corazón que Dios le levantó de los muertos, serás salvo.

— Romanos 10:9

Jesús quiere darte un corazón nuevo:

Os daré corazón nuevo, y pondré espíritu nuevo dentro de vosotros; y quitaré de vuestra carne el corazón de piedra, y os daré un corazón de carne. 27 Y pondré dentro de vosotros mi Espíritu, y haré que andéis en mis estatutos, y guardéis mis preceptos, y los pongáis por obra.

— Ezequiel 36:26-27

¿Quieres pedirle a Jesús que entre en tu vida? Comienza orando una oración como ésta desde tu corazón:

Ora esta oración:

Querido Jesús, sé que he pecado; he elegido hacer cosas que están mal cuando podría haber elegido el camino correcto. Me arrepiento de esos pecados; quiero y necesito que mi vida cambie... hoy. Por favor, perdóname y coloca tu nuevo corazón y tu nuevo espíritu dentro de mí. Por favor, ven y vive en mi corazón para siempre. Jesús, por favor llena mi corazón con tu amor y compasión por los demás y guíame todos los días de mi vida. Amén.

¿Cómo cambiará tu vida cuando Jesús te dé un corazón de carne? Si has hecho esta oración y la has sentido con todo tu corazón, has comenzado el proceso.

¿Cómo podemos proteger un regalo tan grande?

- Pasa momentos con Dios y otros creyentes
- Camina en la Luz - en la honestidad
- Sigue confesando tus pecados
- Dedica tiempo a leer tu Biblia
- Ora diariamente

¿Qué es el Bautismo en Agua?

Ahora nos damos cuenta de que hemos pecado. Y sabemos que Jesús es la única respuesta que nos da Dios para ser libres del pecado.

Nos hemos arrepentido de nuestros pecados y le hemos pedido a Jesús que entre en nuestro corazón.

Jesús ha comenzado el proceso de quitar nuestro corazón de piedra y darnos un corazón de carne.

El siguiente paso es el **Bautismo en Agua.**

"Arrepentíos, y bautícese cada uno de vosotros en el nombre de Jesucristo para perdón de los pecados; y recibiréis el don del Espíritu Santo".

— Hechos 2:38

El bautismo en agua es cuando un creyente se sumerge en agua, simbolizando la muerte de Jesús y su resurrección.

¿Qué significa la palabra **remisión?**

Remisión significa **liberarse de la culpa o de la pena.**

Por ejemplo, si tienes una gran deuda y la persona dice que ya no tienes que pagar nada, entonces estarías **remitido** de la deuda.

Cuando Jesús murió en la cruz por ti y por mí, dijo que ya no teníamos que pagar la deuda del pecado. Sumergimos en el bautismo en agua es un **símbolo de que morimos con Jesús en la cruz.**

> "¿O no sabéis que todos los que hemos sido bautizados en Cristo Jesús, hemos sido bautizados en su muerte?". 4 "Porque somos sepultados juntamente con él para muerte por el bautismo, a fin de que como Cristo resucitó de los muertos por la gloria del Padre, así también nosotros andemos en vida nueva".

— Romanos 6:3,4

Cuando somos levantados del agua es un **símbolo de Jesús siendo resucitado.**

Cuando somos bautizados en agua, Jesús le dice a Satanás: **"Ya no** tendrás control sobre ellos. Cuando bajen a esa agua Conmigo, **todo** lo que tienes en ellos desaparecerá".

Salimos de esa agua con una nueva vida, salimos como una nueva criatura, y salimos como **hijos de Dios.**

> Porque si fuimos plantados juntamente con él en la semejanza de su muerte, así también lo seremos en la de su resurrección; 6sabiendo esto, que nuestro viejo hombre fue crucificado juntamente con él, para que el cuerpo del pecado sea destruido, a fin de que no sirvamos más al pecado.
>
> — Romanos 6:5, 6

Podemos entenderlo así: cuando somos sepultados con Jesús mediante el Bautismo en Agua:

Cuando somos sepultados con Jesús por el Bautismo de Agua, este:

- Destruye la naturaleza pecaminosa (el ADN) de Adán.

- La reemplaza con la nueva naturaleza (el ADN) de Jesucristo.

> "porque todos los que habéis sido bautizados en Cristo, de Cristo estáis revestidos".
>
> — Gálatas 3:27

> "De modo que si alguno está en Cristo, nueva criatura es; las cosas viejas pasaron; he aquí todas son hechas nuevas".
>
> — 2 Corintios 5:17

A través del Bautismo en Agua, ya no somos esclavos del pecado, sino servidores de la justicia.

Dios nos ha dado la respuesta.

¿Quién es El Espíritu Santo?

Dios es Dios Padre, Jesús Su Hijo y el Espíritu Santo. Son tres personas, pero un solo Dios. Esto se conoce como la Trinidad.

Nuestro Dios es tres personas, pero un sólo Dios. El Padre, Jesús Su Hijo y el Espíritu Santo.

Después de que Jesús fue asesinado, estuvo muerto por tres días, luego su Padre lo devolvió a la vida. Después de eso, regresó al cielo para estar con su Padre. Antes de que Jesús fuera al cielo, pasó 40 días con sus estudiantes. Prometió enviar el Espíritu Santo para estar con ellos para que no estuvieran solos.

El Espíritu Santo enseña a la gente acerca de Dios. Él te consolará cuando te sientas triste.

Al Espíritu Santo le encanta ayudarte cuando se lo pides.

¿Qué es el Bautismo del Espíritu Santo?

Después de que Jesús se fue, el Espíritu Santo fue a los estudiantes de Jesús que estaban juntos orando, y los bautizó con poder y audacia. Fue una experiencia muy asombrosa. Empezaron a predicar con audacia sobre Jesús en idiomas que nunca habían aprendido y curaron a los enfermos.

Ahora no tendrían miedo o estarían solos, porque el Espíritu Santo fue a vivir dentro de ellos, así que Él siempre estaría con ellos. ¡La promesa de Jesús es para ti también! Puedes tener el bautismo del Espíritu Santo también si se lo pides a Él.

Es importante encontrar un pastor o líder que pueda enseñarte los caminos de Dios según la Biblia.

Pídele al Espíritu Santo que te guíe hacia alguien que conozca la Palabra de Dios y te ayude.

Sal y haz Discípulos

De gracia recibistes, dad de gracia.

Un discípulo es un seguidor o estudiante de un maestro.

Cuando Jesús llamó a sus discípulos, simplemente

> "Y les dijo: Venid en pos de mí, **y os haré** pescadores de hombres".
>
> — Mateo 4:19

Jesús les enseñó a hacer todo lo que Él hizo, a sanar toda clase de enfermedades, a echar fuera demonios y a predicar sobre el Reino de los Cielos.

Justo antes de que Jesús fuera al cielo, les dijo a sus discípulos que le dijeran a todo el mundo las buenas noticias.

Pero, ¿cómo puedes seguir a un Dios que no puedes ver?

Sigue la Biblia. Este es nuestro libro de instrucciones para enseñarnos lo que es correcto. Es la carta de Dios para nosotros.

Sigue al Espíritu Santo que nos da dirección personal, ya que ahora Él vive dentro de nosotros.

Es natural que escuches la voz de Dios y seas guiado por el Espíritu Santo.

Dios ama tanto a las personas que Jesús murió por ellas. Quiere que se lo digas a la gente y que hagas discípulos de aquellos que creerán en tus palabras.

> "Por tanto, id, y haced discípulos a todas las naciones".
>
> — Mateo 28:19, Marcos 16:15-16

> Por tanto, id, y haced discípulos a todas las naciones, bautizándolos en el nombre del Padre, y del Hijo, y del Espíritu Santo; 20 enseñándoles que guarden todas las cosas que os he mandado; y he aquí yo estoy con vosotros todos los días, hasta el fin del mundo".
>
> — Mateo 28:19,20

Agradecimientos

Gracias por concedernos permiso para usar las siguientes ilustraciones:

Paginas 2, 4, 5 - Teresa Skinner

Página 4 - Roland Beard from "A Study of Gods Creation"

Página 23 - Larry Cole the "Love" Painting.

Estamos muy agradecidos al Sr. Larry Cole por permitirnos usar la Love Painting.

Realmente cuenta la historia.

www.ingramcontent.com/pod-product-compliance
Lightning Source LLC
Chambersburg PA
CBHW070956120626
46546CB00004B/1638